SINERGIA

Una guía para principiantes sobre habilidades de negociación, persuasión y acuerdos en los que todos ganan

Table of Contents

|Introducción

"Sinergia" es una de esas palabras que se ha vuelto popular últimamente.

Es cuando 1+1 es igual a algo mayor que 2.

Una forma de aplicar la sinergia a nuestras vidas es mediante la negociación.

En este momento, muchas personas tienen una percepción oscura de la negociación.

Donde están negociando duros negocios.

- Hay un ganador y un perdedor.

La idea de que todas las partes ganen se considera un concepto ingenuo.

Este libro cambiará tu percepción de la negociación. Es un juego de realizar acuerdos que beneficien **a todas** las partes involucradas.

Al usar palabras y comprender la naturaleza humana, podemos inclinar las mareas a nuestro favor.

En la negociación, incluso los fracasos son algo bueno.

- A veces, un *no* realmente significa un *sí en ciernes.*
- Otras veces, un *no* realmente significa un *no.*
-

Todo está bien.

Igual percepción hacia las victorias y las derrotas.

Una vez que tengamos una sólida comprensión de la negociación, veremos este acto como un proceso.

Un proceso que se puede repetir una y otra vez.

Al final de este libro, tendrás más confianza para cerrar acuerdos que ayuden a los demás y a ti mismo.

La sinergia ya no es un concepto invisible. Ahora es completamente real en tu vida.

Parte 1
|Objetivo

| Definición de negociación

> **| *El propósito de la negociación es llegar a acuerdos.***

Un trato es una transacción.

Una transacción es algo que implica elecciones.

Cuando lo piensas, la negociación está a tu alrededor.

Un ejemplo son los semáforos.

Los semáforos son un conjunto de luces que influyen en el comportamiento.

- Rojo significa parar.
- Amarillo significa reducir la velocidad.
- Verde significa irse.

¿Quién decidió esto?

No sé.

Pero lo que sí sé es que lo sigo. Si lo sigo, significa que he aceptado un trato.

Siempre puedo elegir no seguirlo también. Hay una elección involucrada.

Este es un ejemplo simple.

Pero dependiendo del escenario, el acuerdo puede adquirir complejidad.

No importa cuán complejo sea el trato, siempre existe la opción de:

- Aceptar o rechazar.

Involucrado.

Al conocer esas 2 opciones, nos resultará más fácil cerrar acuerdos.

Paradigma de negociación de la vieja escuela

El paradigma de negociación de la vieja escuela era hacer e impulsar negociaciones con firmeza. Si ves programas de televisión, entonces sabes a qué me refiero.

Esto es cuando un grupo de personas visten trajes y están sentadas alrededor de una mesa.

Están exponiendo sus demandas. Ganará el que sea más contundente.

"¿Estás diciendo que ese ya no es el caso?"

En realidad, mucha gente todavía sigue estas reglas.

Pueden ganar en el corto plazo... pero en el largo plazo, a menudo pierden.

Permítanme compartir por qué.

La principal ventaja del método de la vieja escuela es que gana el partido contundente. El partido contundente no significa un individuo ruidoso. A menudo significa la persona con más influencia.

Si alguien tiene más influencia en un trato, entonces puede dejar brillar su verdadero carácter. Ahí es cuando pueden volverse ruidosos como consecuencia de tener más influencia.

Esto es bueno para la persona con alto apalancamiento. En lugar de prolongar demasiado el acuerdo, el acuerdo se llevará a cabo rápidamente.

Esa es una de las ventajas:

- Un trato rápido.

La desventaja de la estrategia de fuerza

bruta de la vieja escuela es que ahora vivimos en un mundo con **muchas** opciones.

En el pasado, unos pocos tenían mucha influencia.

Si un gerente quisiera negarle un aumento a su empleado, entonces podría recalcar el mensaje a la fuerza.

Pero hoy en día, un grupo de reclutadores corteja constantemente al empleado en sus mensajes directos de LinkedIn.

Simplemente obligarlos a someterse es una forma de ganar la batalla... pero a la larga, el empleado se sentirá amargado.

Se sentirán molestos por el gerente brutal y estarán más tentados a saltar a los mensajes directos y coquetear con sus otras opciones.

> **A medida que la tecnología de la información ha avanzado, la comunicación ha avanzado.**

A medida que la comunicación ha avanzado, las distintas partes de una negociación son más **conscientes** de las oportunidades que tienen a su disposición.

Desde los mejores jugadores (gerentes) hasta los peores jugadores (empleados), todos tienen influencia hasta cierto punto.

En tiempos de interconexión, la estrategia de fuerza bruta ya no es óptima.

El alcance de este libro profundizará en la mentalidad de sinergia. Aquí es cuando ganan varios partidos.

| Sinergia

> **Crear sinergia es cuando 1+1 es igual a algo más que 2.**

Una de las primeras veces que aprendí sobre el modelo de negociación de sinergia fue cuando estaba comprando la portada de un libro a un diseñador de libros.

Normalmente cobraba un precio justo por la portada de un libro, pero con el tiempo sus precios aumentaron.

No pude comprar el nuevo precio. Digamos que quería 200 dólares por la portada de un libro.

Y yo dije:

"Hagamos 150 dólares y te daré más de

10 proyectos".

Soy muy consciente de la persona con la que estoy tratando. En su profesión, siempre está buscando nuevos trabajos. Entonces, tener una **gran cantidad** de conciertos (a pesar de tener un precio reducido) le dio tranquilidad.

Después de sumar los números, se dio cuenta de que conseguir un acuerdo para un proyecto a gran escala generaría más dinero que los proyectos independientes.

- Él ganó.
- Yo gané.
- Y toda la interacción fue una victoria.

Ambos nos sentimos felices después del trato. Ninguno de nosotros se sintió estafado.

Cuando vi eso, me di cuenta de que la sinergia siempre era una posibilidad.

Las opciones de sinergia están a nuestro alrededor. No es algo que solo existe con la negociación. Otro ejemplo es un coche.

Imagínate que alguien te ofrece por separado el asiento del conductor, la ventanilla y el espejo retrovisor. Eso sería ridículo.

Estarías como:

"¿Por qué diablos me das esta basura?"

Luego imagina que obtienen todas las piezas del automóvil y las entrelazan para hacer un automóvil.

Ahora estás feliz.

Todas esas partes solistas no significan mucho. Pero esas partes al unísono crean una entidad completamente nueva.

Así es una negociación hecha de la manera correcta.

- Ya no es un trato lleno de partes individuales.
- En cambio, hay una satisfacción emocional que sienten todas las partes.

Los seres humanos tenemos un **deseo** de mejorar. Evalúan si están mejorando en función de su estado emocional.

Si alguien gana mucho dinero, pero se siente miserable, no dirá simplemente:

"Voy a ganar más dinero. Supongo que estoy bien".

Cuando no haya nadie a su alrededor, dirán:

"¿Por qué me siento tan miserable a pesar de ganar más dinero? ¿Estoy haciendo algo mal? ¿Mi estrategia está equivocada?"

Las emociones son una parte fundamental de un ser humano. Sirve como brújula.

> **Al crear acuerdos similares a sinergias, incluso en campos lógicos, debemos tener en cuenta el estado emocional de la otra persona.**

Cuando tomamos en cuenta el estado emocional, muchos acuerdos que antes no veíamos ahora parecerán obvios.

Cuando le di al diseñador de la portada del libro el compromiso a largo plazo, no solo estaba viendo el dinero.

Fue la **estabilidad** y la **confianza** de tener un cliente a largo plazo.

Entonces, al crear acuerdos similares a sinergias.... Incluso las personas más racionales decidirán si el trato fue una ganancia o una pérdida en función de su estado emocional.

Depende de nosotros llevar a cabo el trato para asegurarnos de que ellos se sientan bien, nosotros nos sentimos bien, para que todo el trato salga bien.

Parte 2
|Realidad

| Hacer realidad la negociación

Si alguien me dijera:

"Oye, ¿escuchaste que Plutón ya no es un planeta?"

Inicialmente sería como:

"Guao, eso es genial".

Pero aparte de eso, no me enfadará mucho.

Porque lo que está pasando en Plutón **prácticamente** no se aplica a mi vida.

Si fuera un astronauta en ciernes, entonces esa información será mucho más importante para mí.

Los humanos tenemos algo llamado sistema de activación reticular. Se trata de un conjunto de neuronas del tronco del encéfalo responsables de la percepción.

Valoramos la información que consideramos que tiene importancia práctica para nuestra vida.

Es por eso que cuando compras un auto nuevo, sigues viendo el mismo auto en todas partes. Eso es porque ese auto ahora está ligado a tu vida.

Con la negociación, debemos hacerla real para nosotros articulando cómo se puede aplicar en la práctica a nuestra vida.

Cuando hagamos eso, ya no seguirá siendo un concepto ambiguo que no aplicamos.

A continuación se muestran algunas formas de articular la importancia de la negociación en su vida:

- *Me permitirá obtener un ascenso y brindar más a mi familia.*
- *En lugar de ser una persona a la que le sucede la vida, ahora puedo hacer que la vida le suceda a mí.*
- *Podré hacer crecer mi negocio y trabajar con las personas adecuadas.*

Cuanto más detallados seamos, más fácil será aplicar la negociación a nuestra vida.

Entonces es cuando el concepto cobra vida.

Antes de pasar a la siguiente sección, intenta articular **al menos** tres beneficios prácticos que verás a medida que perfecciones tu juego de negociación.

| El poder de las preguntas

Las preguntas no son solo una forma de extraer información de los demás. Las preguntas también son una poderosa herramienta de reprogramación mental.

Donde las declaraciones dicen cómo es el mundo.

Las preguntas comparten cómo podría ser el mundo.

Dedica más tiempo a hacer preguntas como:

- ¿Cómo podemos ambos ganar con esto?
- ¿Cómo puedo permitir que la otra persona gane primero?
- ¿Esta persona realmente tiene que perder para que yo gane?

Basta con hacer la pregunta. Esto es suficiente para que la mente subconsciente se comprometa. Los procesos de pensamiento se despiertan y se desbloquea una nueva forma de pensar.

Esta es una forma de cambio de perspectiva que hace que sea más fácil ponerse en el lugar de otra persona.

Donde el tipo de mentalidad estrecha dice:
"Esta cosa de la sinergia no es aplicable en el mundo real".

Cough declaración ***Cough***

El tipo de mente abierta dice:
"¿Cómo puedo aportar sinergia a este acuerdo?"

Cough pregunta ***cough***

Parte 3
|Conocimiento

¿Es necesario el acuerdo?

Una pregunta importante que debemos hacernos es:

"¿Es realmente necesario este acuerdo?"

Anteriormente dije que a medida que la tecnología de la información avanza, la comunicación se ha vuelto más fácil.

A medida que la comunicación se vuelve más fácil, nos presentan cada vez más interacciones. Esto lleva a que mucha gente cree acuerdos solo por crear acuerdos.

Muchos amigos se reúnen cuando están aburridos y dicen:

"Oye, deberíamos hacer negocios juntos".

Las manos ociosas son el taller del diablo. Lo que significa que demasiado tiempo libre no es bueno.
Asimismo, la falta de dirección es mortal en la negociación.

Ahí es cuando negociamos con personas con las que no es necesario negociar.

Distingue los acuerdos necesarios de los innecesarios haciendo una simple pregunta:

"¿Es necesario este acuerdo?"

Es mejor preguntar:

*"¿Es **necesario** este acuerdo?"*

La razón por la que lo he puesto en negrita es porque así se desbroza aún más el hecho de que:

- Debe tener ofertas de lo agradable para tener ofertas.

Ocúpate primero de las ofertas

imprescindibles y luego entretenga las ofertas agradables para tenerlas más tarde (si es que las hay).

36

Conociendo el Partido

Para hablar el idioma de otra persona, es importante conocerla.

- ¿Quiénes son y qué incluye su campo?

Si sabe muy poco sobre lo que incluye su campo, pasará por alto detalles obvios. Esto vuelve una vez más a:

- ¿Es **necesario** este acuerdo?

Si era **necesario,** antes del trato habrás aprendido más orgánicamente sobre el campo de la otra persona porque te encontraste tratando con ella de manera esporádica o constante.

Si sabes poco o nada sobre la otra persona, normalmente es una señal de que el trato puede ser necesario, pero no en este momento.

Cuanto más sepas sobre ellos, más fácil
será hablar su idioma.

Sé capaz de hablar su idioma y la
sinergia está a la vuelta de la esquina.

| Evalúa el personaje

> **Es casi imposible crear sinergia con alguien con un carácter defectuoso.**

Estás intentando crear un acuerdo en el que todas las partes ganen. Pero la otra persona está jugando a la negociación de la vieja escuela. Quieren ganar mientras tú pierdes.

A veces, no saben nada mejor.

Piensan que la negociación a la vieja usanza es el único camino a seguir.

Ahí es cuando se necesita un poco de orientación por su parte. Otras veces, la persona está podrida hasta la médula.

Recuerda esto, no solo otros tienen

muchas opciones hoy en día. Pero es de esperar que te des cuenta de que también **tienes** muchas opciones.

- Tener escasa mentalidad hacia el tiempo.
- Ten una mentalidad de abundancia hacia las personas.

Voltear el 2 es una receta para el desastre.

Tener una mentalidad de abundancia hacia el tiempo y una mentalidad escasa hacia las personas te hará pasar mucho tiempo con personas de bajo carácter.

Cuanto mejor sea el personaje, más fácil será cerrar el trato.

Por otro lado, cuando estás tratando con una persona de bajo carácter, estás dando vueltas y vueltas para que algo suceda. Aun así, nada avanza.

Ahí es cuando alejarse es el rey.

- Mentalidad de escasez hacia el tiempo.
- Mentalidad de abundancia hacia las personas.

"¿Siempre?"

Siempre, amigo.

Parte 4
|Ciclo de vida

<u>Ciclo de vida de la negociación de sinergias:</u>

1. Permítales ganar.
2. Hazles conscientes de que les permitiste ganar.
3. Permítete ganar.

Déjalos ganar primero y hazles tomar conciencia

Déjalos ganar primero y hazles tomar conciencia.

La primera persona que debería ganar es la otra parte.

"¿¿La otra parte?? ¿Por qué no yo? ¡Yo también soy un buen tipo!"

Estoy seguro de que eres un buen tipo. Pero hay una razón *psicológica* por la que queremos que la otra persona gane primero.

Los humanos a menudo quieren ayudar a los que les hicieron un favor.

Si alguien te deja en el aeropuerto y durante el viaje, te pregunta:

"Oye, ¿puedes ayudarme a mudarme la próxima semana?"

Naturalmente, te sentirás inclinado a ayudarlos porque ellos están en el proceso de ayudarte.

Pero si tu amigo lleva a todos al aeropuerto, entonces tu cerebro posterior será como:

"¿Cuál es el problema? Este tipo hace esto por todos".

Por otro lado, si tu amigo dice:

"Mira, normalmente no llevo a otros al aeropuerto porque siento que pueden usar Uber, pero te veo desde una perspectiva diferente..."

Ahora te hicieron CONSCIENTE de que te hicieron un favor.

Entonces, esta persona:

1. Te permitió ganar primero llevándote al aeropuerto.
2. Te hice CONSCIENTE de que te están haciendo un favor.
3. Te pidió que te devolviera el favor (ayudarlos a moverse).

¡Esta negociación se realizó a un ritmo rápido!

Por lo tanto, al iniciar el ciclo de vida de la sinergia:

- Permítales ganar primero.
- Luego hazles CONSCIENTES de que les permitiste ganar.

Esto les permitirá animarte para que tú también puedas ganar.

| Permitirse ganar

Hacer favores es genial. Pero en el mundo empresarial también tendremos que pedir algo.

1.   Saber lo que quieres.
2.   Ten el valor de pedirlo.

Cuanto mejor conocemos el número 1, más se cuida el número 2.

Cuanto menos sabemos el número 1, más se vuelve un dolor de cabeza el número 2.

Otros humanos no pueden leer tu mente ni leer tu lenguaje corporal.

Tener claridad sobre lo que quiere del trato es crucial. Ojalá sepas lo que quieres...

Este es un paso que ya debería haber ocurrido si inicialmente decidió si el acuerdo era **necesario.**

Debe haber habido una razón por la cual decidiste hacer realidad este trato.

- Quizás necesites una portada de libro a un precio reducido.
- Quizás quieras pedirle a esa mujer que sea tu esposa.
- Quizás estés buscando un aumento.

Cuanto más claro sepas lo que quieres, más fácil será pedirlo.

Además, resulta más fácil preguntar cuándo les permitiste ganar primero. Ahora bien, no es una competición de justas. Son dos individuos de gran carácter que buscan ayudarse mutuamente a ganar.

Si se trata de una persona con mucho carácter, entonces le gustará verte ganar de alguna manera.

50

Sea claro sobre la pregunta.

Y vea qué partes puede ajustar para completar el trato...

| La importancia de concienciarlos

El ciclo de vida de la negociación de sinergias es:

1. Permítales ganar.
2. Hazles conscientes de que les permitiste ganar.
3. Permítete ganar.

¿Puedes adivinar cuál es el paso más importante?

"Oh..."

Es el paso número 2. Donde les haces CONSCIENTES de que les permitiste ganar.

La razón por la que esto es tan importante es porque es el pegamento del ciclo de vida de la sinergia.

Sin él, todo lo demás se desmorona.

> **Sin hacerles saber que les permitiste ganar, no tendrán ni idea de que les diste la victoria inicial.**

Con o pistas de la victoria inicial, no tendrán pistas de que el proceso de negociación ha comenzado.

Cuando no tengan ni idea de que el proceso de negociación ha comenzado, intentarán influir en la dirección del acuerdo.

> **Permitirles ganar primero es una medida desinteresada y egoísta.**

- Es un movimiento desinteresado porque les permitiste ganar.
- ¡Es un movimiento egoísta porque ahora eres el iniciador del trato!

El iniciador controla la dirección.

Es como en una conversación donde la

persona que hace las preguntas estratégicas controla la dirección de la conversación.

Al hacerlos conscientes, su cerebro posterior será como:

"Oh, vaya, este es un movimiento generoso".

Entonces su cerebro trasero-posterior será como:

"Vaya, este tipo ya empezó a negociar. Supongo que jugaré su juego.

Subconscientemente has creado un punto de influencia.

Todo eso se desperdicia sin el paso 2:

- No concienciarlos.

Sentirás un nivel de confianza una vez que les hayas informado.

Lo que me lleva a la siguiente pregunta:

- ¿Cómo les hacemos conscientes?

A veces será decirlo descaradamente:

"Te di x porque te ayudará de esta manera".

Otras veces será mediante interrogatorio:

"¿Qué es lo que quieres?"

La otra persona dice:

"Me gustaría x".

Si eso es algo que puedes permitirte dar, entonces di:

"Te daré x para ayudarte".

Boom, ahora son **conscientes.**

Cómo hacerlos conscientes es un acto creativo. Simplemente comprende que es el paso MÁS importante del proceso de negociación de sinergias de 3 pasos.

Resumen:

1.   Permítales ganar.
2.   Hazles conscientes.
3.   ¡¡¡Ganar!!!

Parte 5
|APUESTAS

| Marcos de tiempo

> *Cuanto más hay en juego, más tiempo lleva.*

Esta es una heurística general.

Crear un trato para ayudar a un amigo a mudarse porque lo llevó al aeropuerto es un evento de bajo riesgo.

Por otro lado, digamos que tienes un negocio. Tu amigo es excelente codificando. Necesitas desesperadamente un codificador para tu negocio.

Entonces, le pides a tu amigo que venga a trabajar para tu empresa. Eso significaría que dejaría su trabajo actual para incorporarse a tu empresa.

Lo que está en juego aumenta aún más si

tiene que mudarse de estado para trabajar para tu empresa.

Lo que está en juego aumenta aún más si tiene una familia.

¡¡Lo que está en juego aumenta aún más si trabaja en una empresa de Fortune 500 mientras tu empresa es una startup!!

Estoy seguro de que entiendes mi punto.

Digamos que hay mucho en juego y le das a tu amigo 5 minutos para decidir. ¿Es eso justo?

No.

Cambiar de trabajo no es lo mismo que pedir que te lleven al aeropuerto.

Evaluar lo que está en juego es un acto subjetivo.

- Para una persona, perderse el

partido de fútbol de sus hijos no es gran cosa.

- Mientras que para otra persona es un gran problema.

Cuanto mejor conozcas a alguien, más sabrás qué se considera de alto riesgo para esa persona y qué no.

> **Al identificar si hay mucho en juego, es importante crear los plazos adecuados.**

En lugar de darles 5 minutos para decidir si quieren unirse a su empresa, sopesas tus opciones y piensas:

"Dedicaré ocho meses de esfuerzo a este acuerdo de negociación".

Durante esos 8 meses, no es necesario quedarse de brazos cruzados. En lugar de eso, les das micro ganancias a lo largo del camino:

"Oye, me encantaría que visitaras

nuestro campus. Yo pagaré tu billete. No siempre compramos el billete para alguien, pero valoramos tu tiempo".

Una vez que vengan, les muestras el lugar de estacionamiento y les dices:

"Este sería tu lugar de estacionamiento si te unieras. Como puedes ver, la oficina está a un corto paseo a pie.

Las microganancias previas a los 8 meses aumentarán las posibilidades de obtener una ganancia cuando realices la solicitud.

No le pides a alguien que se case después de la primera cita. Más bien, son un montón de citas que conducen al momento del "sí, quiero".

Los plazos son muy importantes a la hora de negociar.

Cuanto más hay en juego, más tiempo lleva...

| Lidiar con la agresión

A veces, incluso las personas de gran carácter serán tercas. Será uno de esos acuerdos en los que la agresión muestra su cara.

Una de las mejores cosas que se pueden hacer es esperar que **todas** las personalidades puedan dar la cara.

- No dejes nada al azar.

Ira, tristeza, duda, etc.

A pesar de presenciar el desbordamiento emocional de la otra persona, **concéntrate en el mensaje.**

- ¿Está lleno de verdad lo que dicen?
- ¿Está justificada su ira o su terquedad?
- ¿Hay formas de ajustar el acuerdo

para lograr un momento sinérgico?

Intenta experimentar.

Pero incluso después de tus ajustes… la otra persona muestra una incapacidad para cambiar, entonces puede que sea mejor abandonar el trato.

Una excelente manera de ver si quieres esforzarte más en la agresividad es hacer la pregunta:

- ¿Es esta una persona con la que puedo trabajar dentro de 10 años?

O

- Tenemos la misma dirección en mente?

Si no, lo mejor es marcharse.

Si aun así eres capaz de cerrar un trato, entonces bravo. Eres realmente bueno en esto de la sinergia.

Parte 6
|Fallos

| Un no significa un sí en ciernes

Los fracasos son parte de la vida. No es diferente para la negociación.

Debemos asegurarnos de tener la percepción correcta del fracaso, para no tenerle miedo.

A veces, un no significa un sí en ciernes.

En 2019, quería conseguir un entrenador para hablar en público. Había un gran recurso en el área de Largo.

Me comuniqué con él por LinkedIn para reunirnos y aceptó.

Por alguna extraña razón, pensé que este tipo estaba dispuesto a ser mentor de un joven como yo de forma gratuita. Fue

una suposición extraña de mi parte. ¡Él
también tiene una familia que alimentar!

En nuestra primera reunión, me tomó
por sorpresa cuando intentó venderme
su paquete de oratoria.

Al entrar a la reunión, pensé que solo
estábamos hablando. Pero para él era un
negocio.

Al principio dije que no.

Me dio su tarjeta por si cambiaba de
opinión.

En el camino de regreso de Largo a
Tampa, pensé en lo idiota que era al
suponer que esto iba a ser gratis.

Después de reconocer mi proceso de
pensamiento defectuoso, esperé una
semana. Durante la semana, el
entrenador de oratoria me envió algunos
artículos valiosos.

Al final de la semana, mi no se convirtió en un sí.

Trabajamos durante unos meses en hablar en público.

No actuó como un llorón porque inicialmente le dije que no. Se mantuvo civilizado y me permitió evaluar mis opciones.

Una vez que terminamos con el servicio, diré que fue una negociación similar a una sinergia.

- Pagué un precio justo.
- Consiguió su dinero.
- Obtuve conocimiento.

Todos ganan.

| Un no significa un no

El hecho de que a veces un no pueda convertirse en un sí no significa que siempre sea así. Otras veces, un no en realidad significa un no.

A veces es personal.

Quizás no quieran trabajar contigo. Otras veces, no es nada personal.

Simplemente no necesitan el trato en este momento.

De todos modos, el no es el mismo. Un no pica el ego. Al ego no le gusta exponerse y que lo cierren. Pero eso es solo una parte del juego.

| *En lugar de jugar para no perder, juega para ganar.*

¡La única manera de jugar para ganar es ver el fracaso desde una perspectiva positiva!
El fracaso son datos.

Los datos le permiten realizar movimientos refinados en el futuro.

Es como un tipo grande que encuentra atractivas a las mujeres bajas. Pero cada vez que se acerca a mujeres bajas, ellas se sienten intimidadas por él.

Se producen múltiples fracasos.

Un día, se da cuenta de que ser tan grande le hace sobrepasar a las chicas. Esto hace que las niñas piensen: *"¿Quién es este monstruo? ¿Va a atacarme?"*

Ahí es cuando el grandullón aprende a no sobresalir sobre las chicas, sino a inclinar su cuerpo hacia afuera para no parecer tan amenazador.

- Los fracasos llevaron a una realización.
- La comprensión provocó un cambio en el lenguaje corporal.
- Un cambio en el lenguaje corporal llevó a una nueva cita.

Guiño, guiño.
En pocas palabras, incluso los fracasos pueden verse como una victoria si nos centramos en el panorama más amplio.

Para entrenar tu mente para ver el panorama más amplio, hazte la pregunta:

"¿Cuál es al menos un lado positivo de esta pérdida?"

Esto te hace buscar el lado positivo. Al buscar constantemente el lado positivo, vemos las pérdidas desde una perspectiva positiva.

Esto nos permite jugar para ganar en lugar de jugar para no perder.

Parte 7
| Bonus

| Cambio de paradigma

Ve la vida como una gran negociación.

Para hacer esto, revisemos el ciclo de vida de la negociación de sinergias:

1. Permíteles ganar primero.
2. Hazles saber que ganaron.
3. Gana.

Para que este cambio de paradigma se active, solo tenemos que permitirles ganar primero.

Esto va a ser difícil.

Digamos que estás cortando una pizza. Luego dejas que otra persona elija la **primera** porción. Eligen automáticamente la porción más grande.

El ego va a ser como:

"Maldita sea, si hubieras elegido la porción primero, entonces no habría sido un problema. ¡Habrías comido bien!"

Este es un buen problema. Es una de esas situaciones de:

- Dolor a corto plazo para placer a largo plazo.

La razón es que la parte más difícil de ejecutar el ciclo de vida de la negociación de sinergia es permitir que la otra parte gane primero.

Es posible que estemos condicionados a la versión de negociación de la vieja escuela en la que solo necesitamos ganar.

Pero al introducir gradualmente escenarios en los que dejamos que alguien gane primero, la negociación ya no es algo que hace que nuestro corazón lata aceleradamente.

¡Es más bien un estilo de vida!

Mira contenido con el que no estás de acuerdo

Otro truco para facilitar la negociación es mirar el contenido con el que no estás de acuerdo con vehemencia.

A menudo, cuando no estamos de acuerdo con alguien, cuestionamos su intención.

Cuando cuestionamos su intención, su mensaje suena más hostil de lo que realmente es.

Si voluntariamente escapamos de nuestra cámara de resonancia y consumimos contenido con el que no estamos de acuerdo, entonces será más fácil negociar para llegar a acuerdos en los que todos ganen.

En el mundo real, las cosas no siempre son fluidas y limpias. Solo porque tengas un trato hostil no significa que la otra persona sea hostil.

Quizás sean grandes personas pero malos comunicadores. En ese escenario, es importante mantener la calma para poder llegar a un acuerdo en el que todas las partes ganen.

Mira contenido con el que no estés de acuerdo.

¡Dolor a corto plazo por combustible a largo plazo!

Conclusión

La vida es una serie de tratos.

Así como actualizamos el software de las herramientas digitales, necesitamos actualizar el software de la mente.

Quizás antes de leer este libro, la negociación se veía desde una perspectiva negativa.

Con suerte, después de leer este libro, verás la negociación como parte de la vida.

No hay necesidad de jugar un juego de suma cero en un mundo donde los juegos de suma positiva son suficientes.

Mira a tu alrededor.

La sinergia está a nuestro alrededor.

Ya sea en tu:

- Vida laboral.
- Vida de negocio.
- Vida personal.

Crea sinergia lo mejor que puedas.

De esta manera todos ganan.

Si disfrutaste de este breve libro sobre negociación y te gustaría ver más contenido de la marca ArmaniTalks, asegúrate de visitar mi sitio web en:

- Armanitalks.com

Este sitio web tiene muchos de mis blogs, libros, podcasts y mucho más.

Además, publico un boletín diario donde comparto mis pensamientos sobre temas como hablar en público, contar historias, inteligencia emocional y mucho más.

Puedes unirte a la tribu aquí:

- Armanitalks.com/newsletter

¡Gracias por leer este libro y espero verte crear muchos acuerdos en los que todos ganen!

Piensa Rápido

Una guía para principiantes sobre el habla improvisada, el pensamiento claro y las habilidades de concentración

Piensa Rápido es una guía para aprender a hablar de forma improvisada y mejorar los niveles de concentración. Se trata de un libro fácil de usar para principiantes, para convertir el pensamiento en ideas y las ideas en palabras. Piensa rápido y adáptate a cualquier situación que se te presente.

En Piensa Rápido aprenderás:
- Las ventajas de aprender a hablar improvisando.
- Cómo concentrarse mejor.
- El poder de mejorar un 1% cada día.
- Cómo practicar la improvisación oral.
- Cómo controlar tus progresos.
- Desafíos al hablar de improviso.
- Formas de utilizar la improvisación para crear contenidos convincentes.
- Cómo vincular la mente, la respiración y el cuerpo en un sistema unificado.

Ve al Grano

Guía para principiantes sobre redacción de ensayos, pensamiento crítico y razonamiento lógico.

Ve al Grano es una guía para principiantes sobre cómo escribir ensayos, utilizar el pensamiento crítico y desmenuzar temas complejos mediante el análisis lógico. Los ensayos son una manera profunda de construir tu cuerpo de trabajo y solidificar tu filosofía. Aprende el arte y la ciencia de escribir ensayos en este libro.

En Ve al grano, aprenderás:

- Cómo crear un tema convincente para tus ensayos.
- El uso de la lógica, las palabras y el pensamiento crítico para desmenuzar temas complejos.
- Estrategias eficaces para investigar tu tema.
- Una forma rápida de construir un borrador.
- Un marco sencillo para editar tus ensayos para que suenen más conversacionales.
- El arte de la corrección.
- Cómo superar el síndrome del impostor y publicar tu trabajo.
- Formas estratégicas de hacer crecer tu imperio digital con el uso de ensayos.

www.ingramcontent.com/pod-product-compliance
Lightning Source LLC
Chambersburg PA
CBHW070817170726
48000CB00018B/1023